AF237684

Viola Neumann

# Die Rose

# im Glas

*-Über das Erblühen*

*trotz großer Gefühle*

Aphorismen, Epigramme & Gedichte

Bibliografische Information der Deutschen Nationalbibliothek:
Die Deutsche Nationalbibliothek verzeichnet diese Publikation in der
Deutschen Nationalbibliografie; detaillierte bibliografische Daten
sind im Internet über http://dnb.dnb.de abrufbar.

© 2020 Viola Neumann

Fotos: Viola Neumann

Herstellung und Verlag: BoD – Books on Demand, Norderstedt

ISBN: 978-3- 7519-9947-2

Für all die Herzen,

die ehrlich lieben.

## Vorwort

Dieses Buch sei allen gewidmet, die ihre Emotionen leben. Ich schrieb diese Worte für Dich auf, für uns. Damit da Platz ist, ein Raum für große Gefühle in dünnen Zeilen. Lese dieses Buch für Dich. Nimm es zur Hand, wenn Du die Worte brauchst. Verbinde Deine eigenen Bilder mit den Versen. Leg es weg, wenn es zu viel wird. Lass Tränen auf die Seiten tropfen und bringe Deine eigenen Rosen zum Blühen. Lache, wenn die Sätze Dich mit Glück erfüllen. Sei stolz auf Dich und Dein Inneres, auf Dein Herz, denn das weiß zumeist wirklich am besten Bescheid. Also: Mach es Dir gemütlich und räum ein bisschen in Dir selbst auf. Ordne Deine Gedanken und hör Dir wirklich zu. Dieses Buch ist kein Roman, kein künstlerischer Spannungsbogen, keine Biografie oder ein Buch über mich. Es sind Gefühle, Worte und Tränen aus tiefster Seele und mit viel Herz. Das hier ist ein sicherer Ort für Deine Gefühle, Sensibilität und Empfindsamkeit, denn Du bist nicht allein.

# Verletzt

Du warst mein letzter Sonnenstrahl,

der sich einbrannte unter meiner zitternden Qual.

Du warst mein letzter Regentropfen,

bei dem ich versuchte,

jede kleine Wurzel zu verstopfen.

Du warst das letzte bisschen Erde zum Festhalten,

doch ehe ich mich sollte entfalten,

ließest du mich eisig erkalten.

Er war nicht der, sich zu verlieben.

Eher ein Zeichen, hat mich einer Richtung verwiesen.

Mich verletzt und in Fetzen zurückgelassen.

Mich im kalten Regen,

von meinen Tränen nicht mehr zu trennen,

verlassen.

Du zahlst einen Preis,

wenn Du erfolgreich bist.

Lass mich Dir eins sagen:

Sie hassen Dich erst wirklich,

wenn Du etwas erreichst,

*aber*

das ist es allemal wert.

Jedes Versprechen, das du brichst,

ist wie ein vom Wind abgerissenes Blütenblatt.

Es treibt mich Stück für Stück,

Blatt für Blatt,

in die Arme eines Anderen.

Du füllst mich mit Leben und Hoffnung,

eine Orchidee, die gegossen wird.

Doch bin ich so sensibel,

dass jede Enttäuschung

mich meine Blüten abwerfen lässt,

bis ich keine Kraft mehr habe

mit neuen zu strahlen

und eingehe.

*Mir ergibt sich dieses Bild so klar.*

*Ich sehe, wem ich vertraue.*

*Ich sehe die Folgen.*

*Ich sehe den Schmerz.*

*Doch lieber halte ich die kalten nassen Hände,*

*getränkt in Tränen,*

*vor die glasigen roten Augen.*

Ich hätte dir so gern alles erzählt,

ungeschönt,

kein Euphemismus,

keine farbigen verschleiernden Metaphern.

Hätte meine Schatztruhe für dich geöffnet,

*aber du*

hast den Schlüssel verloren.

Du warst eine Sternschnuppe.

Wie ein Meteoroid zu einem Meteor,

bist du von einem Fremden zum Geliebten geworden.

Hast nicht die Atmosphäre,

doch die Hülle meines Herzens durchstoßen.

Jetzt liegst du dort wie ein schweres Gewicht,

ein Meteorit.

So eine Liebe kriegst du

aus dem Herzen nicht mehr raus.

Dieses Gefühl ist

eingebrannt,

graviert.

Rotweinfleck.

Ein Herz, das so leicht bricht

wie ein zartes Weinglas.

Ein Herz, das so stark liebt,

so klar,

wie ein Band aus Diamanten.

Wir haben uns daran gewöhnt,

dass Liebe wehtut.

Dass es eben dazu gehört.

Ein Stich ins Herz, vom nächsten nicht weit.

Wo bleibt die Zeit zum Heilen?

Die Liebe zum Heilen?

Und ein Teil meines Herzens

füllt sich in der Nacht tief mit Schmerzen,

denn es lebt nicht hier bei mir,

sondern in diesem anderen Land, bei dir.

Leid, Chaos und Zerfall,

statt Entwicklung überall.

Die Bindung zu einem Land,

das einem fremder kaum sein könnte,

doch solch tiefe Gefühle, wie Ketten aus Samt,

mit sich bringt.

Ich bin da

und

doch nicht.

Jede Narbe

durch die scharfe Klinge,

in die Verrat graviert ist,

kürzt auch den Faden des Vertrauens,

mit dem ich sie nähen muss.

*Auf der Suche nach echter Liebe*

*nannte man sie leichtsinnig,*

*weil sie naiv war,*

*nur das Gute in den Menschen sah*

*und das Falsche*

*immer zu spät erkannte.*

Du warst Regen,

dessen Tropfen

sich absetzten

und hässliche Spuren

auf der Scheibe hinterließen,

durch die ich jeden Tag schaue.

Desto länger wir

darauf warten,

uns zu verlieben,

umso kürzer

wird doch unser Für Immer.

Unglaublich.

Wie viel

Papier,

wie viele Zeilen

und Gefühle

ich an dir

verschwendet habe.

Ich habe keinen Anker mehr.

Habe ihn zurückgelassen,

rücksichtslos,

weil ich dachte, ich brauche keinen.

Jetzt treibe ich auf dem Ozean

und sehe kein Land.

Du machst den Punkt am Ende deines Satzes,

legst den Stift nieder,

schlägst das Buch zu

und lässt es zurück.

Denn die Geschichten,

die wir hätten schreiben können,

waren dir zu poetisch.

Du liest lieber Fantasy.

Ich will weinen.

Ich will schreien.

Ich will bei dir sein.

Ich habe keine Kraft mehr.

Ich habe dich nicht mehr.

Er war gefährlich,

aber manche von uns

brauchen das Feuer,

um sich sicher zu fühlen,

auch wenn du dich verbrennen kannst.

Bei dir war es anders.

Ich wollte dich nicht gehen sehen

durch die mit Regentropfen übersäte

Scheibe der Straßenbahn Richtung Hauptbahnhof.

Aber du hast mich losgelassen.

Wie lange geht das noch gut?

Frage ich dich mit scharfem Blick.

Damit ich das einplanen kann,

den Schmerz und das Zerbrechen.

Ich plane das lieber,

nicht, dass dort noch etwas Wichtiges ansteht.

Sie denken

Geld macht reich,

bis sie wirklich etwas verlieren,

die Menschen, die sie lieben,

und erkennen,

dass sie so reich waren.

Reicher als alles Geld der Welt.

Schau mir in die Augen

und sag mir, was du fühlst.

Sei ehrlich.

Ich spüre die Spannung zwischen uns.

Fühle da mehr Elektronen als Protonen.

Meine Eltern haben mich
immer vor den Drogen
auf den Straßen gewarnt,
aber nie vor denen,
mit den strahlend braunen Augen
und den süßen Worten.

*Ich habe mich in dir verloren.*

*Bin in das Labyrinth deiner Worte gelaufen,*

*habe dem Spiel vertraut*

*und finde jetzt keinen Weg mehr hinaus.*

*Du lässt mich verdursten.*

Jede Rose hat Stacheln,

so wie jede Liebe Gefahren hat.

Aber wer die schönste Blume will,

muss auch ihre Schnitte verkraften.

Es gibt immer eine Extreme.

Ein Maximum.

Zu allem und jedem.

Und nichts wiegt so schwer

und ist gleichzeitig so blendend schön,

wie in Extremen zu fühlen.

Das erfahren zu dürfen, ist das größte Geschenk

und die schlimmste Bestrafung.

Vielleicht soll es so sein.

Schon irgendwie gebrochen

durch die Straßen laufen,

leicht angetrunken vom Aperol und den Gefühlen,

mit einem zarten Lächeln auf dem Gesicht.

Weil es zwar wehtut,

sich aber richtig anfühlt.

Manchmal blättere ich die Seiten

meines Buches zurück

und dann nach vorne zu den leeren Seiten

und merke neben dem Jetzt,

dass da noch so viel Platz ist.

Für Liebe, Chaos, Herzschmerz, Schreien,

Schweigen, Tränen und

Heilen.

# Isoliert

Es gibt Tage,

da fühle ich mich

wie ein gescheitertes Experiment,

mit dem niemand den Umgang wagt.

Dieses leidvolle Hoffen.

Vielleicht finden unsere Wurzeln,

ganz tief unten,

drüber Staub, Stein und Erde,

wieder zueinander,

wachsen zusammen,

geben sich Kraft.

-wie ich mich selbst belüge

Jedes Mal.

Ein Windzug.

Rosenblatt für Rosenblatt.

Teile von mir in deine Richtung.

Aber wohin,

wenn du zu einem Sturm wirst?

Ich wollte

die Welt mit dir sehen,

aber der Koffer

war dir zu schwer.

Oder: Du wolltest gar nicht.

*Vielleicht wird niemand meine Poesie*

*jemals verstehen,*

*in meiner Melodie richtig tanzen können*

*oder in den bunten Farbstrichen*

*meine Muster erkennen.*

*Vielleicht bin ich ein Gemälde,*

*das man einfach nur bewundert,*

*aber nicht versteht.*

WIR SIND WIE SEELEUTE,

DIE MITTEN AUF DEM WASSER

VERDURSTEN.

DENN DIE LIEBE, DIE WIR HABEN,

IST VERSALZEN.

Ich kann dich nicht gehen lassen.

Halte die Uhrenzeiger

gegen den Willen der Zeit fest,

versuche, sie zurückzudrehen.

Aber du scheinst schneller zu fliehen,

als die Zeit es je könnte.

Lichtgeschwindigkeit.

Ich habe unseren gemeinsamen Abschied geplant,

unsere letzten Worte geschrieben.

Ich will diese Erde mit dir verlassen.

Ich will in deinen Armen sterben.

Wenn die See uns verschlingt

und unsere Herzen reinwäscht.

Paradox,

dass es doch so oft die Freiheit ist,

nach der wir uns sehnen,

die uns in die Ketten des Scheiterns legt.

Weil wir nicht bereit sind,

sie gemeinsam zu fühlen.

Du hast dir die Ohren zugehalten,

über meine Stimme geschrien,

dass du wüsstest, was ich meine.

Dabei hast du mir nie wirklich zugehört.

Du wolltest mich nie begreifen,

weil ich dann nicht mehr in dein Bild gepasst hätte.

Bin hier nicht verwurzelt,

aber festgewachsen.

Ich bin kein Baum,

der hier ewig alt werden kann.

Nur das stille Moos,

für das hier das Leben begann.

Warum unser Herz sich in die Menschen verliebt,

die uns verletzen?

Wir müssen in ihnen ein Licht, Wärme, Hoffnung

sehen.

Wie ein Schmetterling,

der im vernichtenden Licht

den sicheren Tod findet.

*Ich trink` schon wieder*

*aus der angebrochenen Tasse,*

*weil ich nichts anderes kenne.*

*Und weil du immer*

*zum Greifen nah bist.*

Jemand, der dich so sehr verletzt,

kann dich niemals wirklich geliebt haben.

Deine starke Liebe ist keine Schwäche.

Du hast sie nur den schwachen

falschen Menschen gegeben,

die davon tranken

und dich ohne Wasser

zurückließen.

Erschöpft erreichst du das weite Ziel,

schaust dankbar nach oben,

während die nächste Ziellinie schon festgelegt wird.

Wann kommt man wirklich an?

Der Lauf des Lebens.

Manchmal brauchst du nur diesen einen Menschen,

der dir sagt, dass es okay ist.

Okay ist, mal in einem Meer von Tränen

fast zu ertrinken.

Sich in deinen Gefühlen zu verfangen,

wie in Seilen aus allen Richtungen.

Oder an die Tapete zu starren

und nur die ganzen Fehler zu sehen.

Aber:

wiederauftauchen,

befreien

und Kunst schätzen.

Wenn die Welt aus den Fugen gerät,

im Inneren ein Wirbelsturm tobt,

verstecke ich mich zwischen Büchern.

Schließe meine Zweifel

zwischen den Seiten ein.

Packe ein Lesezeichen dahin,

wo gearbeitet werden muss.

Vergesse mich

in Mitten der Zeilen.

Wir schenken uns zu viele Dinge

und zu wenig Gefühle,

werden müde,

weil die materiellen Sachen

uns erdrücken,

statt Liebe und Freudentränen,

die unsere Herzen entzücken.

Du hast mein Buch niemals aufgeschlagen,

nur das Cover bewundert,

vielleicht ein paar Zeilen überflogen,

aber nie dazwischen gelesen.

Ich konnte

mich nicht darauf einlassen.

Ich konnte

dir nicht vertrauen,

weil du die Wahrheit in mir erkanntest

und ich sie nicht wissen wollte,

weil es wehgetan hätte.

Du willst wieder

auf das weite Meer hinaus,

weil du dich dort

verlieren kannst

und nicht eingesperrt bist

in Eisenstangen aus Gedanken.

MEIN KOPF WIE DER
STERNENHIMMEL.
MAN ERKENNT ZWAR MUSTER,
ABER ORDNUNG IST DA AUCH NICHT.

Und wenn es zu spät ist,

merkst du erst,

wie schnell die schönsten Blumen

verblühen.

Ich habe dich geliebt,

so sehr geliebt,

bedingungslos.

Du hast mich gehasst,

hast gespielt,

hattest nichts zu verlieren.

Und ich weiß nicht warum

und bleibe einfach stumm.

Immer, wenn die Welt um mich zu laut wird,

rette ich mich in fremde Leben

verstaubter Bucheinbände,

verstecke die zehrenden Gedanken

zwischen den Zeilen.

Verlaufe mich in den Labyrinth-Gärten

aus Metaphern und Dornenbüschen.

Packe mich selbst zur Seite

und greife ins Bücherregal.

Ich trage deinen Duft

und nicht mehr meinen eigenen.

Du hast mich eingenommen

und überdeckst mein wahres Ich.

*Manchmal schauen wir uns zu lange*

*unsere alten Kunstwerke an.*

*Natürlich können wir sie bewundern,*

*aber nicht um sie trauern.*

*Ich hänge zu lange an den bunten Mustern.*

*Wie komme ich an Pinsel, Farben und*

*eine neue Leinwand?*

Dieses Geheimnis ist wie eine Krankheit,

die dich langsam von innen zerfrisst.

Jeden Tag ein Stück mehr.

Bis du es irgendwann nicht länger verbergen

kannst,

und es auch die Menschen um dich herum

krank macht.

Zeig mir all deine Wunden,

die Kratzer und tiefen Narben.

Ich will sehen,

wie oft du mich gebraucht hast

und ich nicht da war.

*Ich stelle Hypothesen auf.*

*Hypothesen klingt besser als Gedankengespenster,*

*irgendwie vernünftig.*

*Versuche Gleichungen zu lösen,*

*die es gar nicht gibt.*

*Das Leben wäre einfacher,*

*würde man mehr leben und weniger nachdenken.*

Manchmal denkst du,
dass du einfach verschwinden willst,
im Meer versinken.
Aber was du wirklich möchtest,
ist gefunden zu werden
wie ein lang ersehnter Schatz.

# Ausbrechen

Es gibt Tage,

da fühle ich mich wie neugeboren.

Reiße aus, stehe auf.

Tanze, springe, fliege.

Da kann ich wieder atmen.

-neues Kapitel

Am Ende

verblasst jede noch so schöne leuchtende Blüte.

Dann ist nur noch entscheidend,

wofür sie gelebt hat.

Manchmal musst Du ganz allein an Dich glauben,

lasse Dir von niemandem Deinen eisernen Willen

rauben.

Es gibt immer einen Weg

und wird dieser von jemandem versperrt,

dann nur von Dir selbst.

Ich weiß, wie es sich anfühlt.

Auch ich war dort

in dieser tiefen dunklen Leere ohne Licht.

Als ob es keinen Morgen,

keinen Frühling mehr gibt.

Zugefroren.

Als ob es unmöglich ist,

je wieder Freude zu spüren.

Aber Du wirst das durchstehen.

Der Schmerz ist temporär

und verschwindet langsam

mit dem fließenden Sand in der Uhr.

Ich bin ein Reisender,

Blütenblatt im Wind,

bin zuhause in der Welt,

von künstlichen Grenzen umstellt.

Es gibt noch so viel Schönes zu sehn`

drum´ werde ich immer weiter gehn`.

Er sah in meine gläsernen Augen

und sagte:

„Als Poet musst du entweder

sehr traurig

oder sehr glücklich sein,

sonst kannst du über nichts schreiben.

Du bist beides.

Trägst den Tag

und die Nacht in dir."

Wir bewegen uns auf dünnem Eis,

das so leicht bricht,

wie ein Herz.

Spielen mit dem Feuer

neben einem Wald.

Springen, ohne den Boden zu sehen.

Wieder mal fragst du dich,

ob es diesen Kampf wert ist.

Und wieder mal stehst du auf

und wächst über dich hinaus,

wie eine Pflanze in der Wüste.

Ich dachte unser Ende

sei das Ende von mir.

Dabei begann ich endlich

mehr Raum für mich einzunehmen.

Es war der Beginn

einer stärkeren Liebe

zu mir selbst.

Zu oft begehe ich Realitätsflucht.

Lebe einen Traum.

Gehe das Risiko ein.

Breche die Regeln.

Will nicht zurück in die Wahrheit.

Aber: Das ist okay.

Hätte sonst so vieles nicht erlebt

und gefühlt.

Diese Nacht ist unsere kleine Ewigkeit.

Bleib doch noch etwas länger.

Danach werden wir gehen,

das spüre ich.

Aber irgendwann verlässt mich auch der Schmerz so
leicht,

wie du dich verabschiedet hast.

Du tust so

als sei unsere Geschichte festgeschrieben,

vorherbestimmt,

in einem alten verstaubten Briefroman

von Goethe in Originalhandschrift,

den man nicht berühren,

noch umschreiben darf.

Aber:

selbst Goethe hat seine Texte geändert,

noch nach Jahren.

Also:

Wir können unser Gedicht so oft umschreiben,

wie wir wollen.

Ich bin viel zu gefüllt mit Leben,

um nur halb geliebt zu werden.

Ich bin nicht halb,

sondern ganz und gar vollständig

und ich verdiene dein ganzes Herz.

Ich kämpfe mich

durch die eisige erstarrte Erde.

Eine zarte Pflanze

bringt frisches Grün

auch durch die harte graue Decke aus Beton.

WENN DU MIR MEIN HERZ
NICHT GEBROCHEN HÄTTEST,
WÄRE ICH NICHT
ZUM DICHTER GEWORDEN.

-Dankbarkeit

Sie schrieb die Gefühle auf,

die sonst keiner je verstand,

weil da keine Ordnung war,

kein Prinzip.

Deshalb machte sie diese durch Bilder

in Metaphern und Symbolen

zu einem Kunstwerk,

und erkenntlich.

Damit die Leute

es bewundern konnten

auf der großen Leinwand

und vielleicht sogar fühlen.

Menschen sehen lieber deine Fehler,

aber kaum deine Fortschritte,

kritisieren gerne andere,

doch selten sich selbst.

Sei die Veränderung in dieser Welt,

bevor sie auf ewig für dich anhält.

Jetzt

Hier

Heute

Entlieben.

Endlich,

weil ich

dich loslassen kann.

Wir tragen die Erinnerungen

wie Armbänder aus wertvollen Perlen

und vergessen beim Bewundern die Realität,

das Hier und Jetzt.

Nun stehen wir da

mit der Schere hinter dem

schon einmal geflickten Band

und sie ist stumpf und schwach.

Wir schauen uns verunsichert an

und setzen den ersten Schnitt.

Ich hatte vergessen
wie schrecklich schön Verlieben ist,
so schön schrecklich.
Eine Umarmung im Hagel.
Ein Sturz im Sonnenuntergang.

Tu Falta De Querer.

Dein Mangel an Liebe,

Dein Mangel an Wollen,

brachte mich dazu,

auszubrechen, zu fliehen,

vor dem,

der mich nicht verdient.

Tu Falta De Querer.

Sie ist durch die Hölle gegangen.

Gefallen und allein.

Und kam zurück mit Engelsflügeln,

die hell loderten wie Feuer.

Irgendwann musst du erkennen,

dass es keine Liebe war,

sondern nur Sucht

und Abhängigkeit,

die die Leere in dir nie gefüllt hätten.

Das kannst nur du allein.

DAS SCHICKSAL TRÄGT DICH DORTHIN,
WO DU HINGEHÖRST.
ABER WAS DU DARAUS MACHST,
LIEGT IN DEINER HAND.

Bleibe bei denen,

die deinen Himmel gesehen haben

als er dunkel wurde

und ein Sturm aufzog

und die dennoch nicht wegrannten.

Ich habe Angst.

Nicht mehr vor Euch.

Ich habe Angst vor Bedeutendem,

davor, dass meine Kinder

die Natur nicht mehr so erleben,

wie ich es kann.

Das Schöne am Leben ist,

dass du immer wieder neu anfangen kannst.

Schlag die Seite um.

Schreib eine neue Geschichte.

So oft habe ich mich

in die schönen Worte verliebt,

aber Worte verfliegen so leicht und schwerelos

wie Wolken.

Jetzt vertraue ich nur noch Taten.

In einer kalten dunklen Herbstnacht
scheint der Morgen so unendlich weit weg.
Aber ich weiß,
es wird wieder hell,
schon bald.

*Manchmal ist das Undefinierbare,*

*das man nicht in Worte fassen kann,*

*das man keinem erklären kann,*

*manchmal ist das dieser Funken Magie,*

*der uns endlich lebendig macht.*

moyocoyotzin

Das heißt:

Die, die sich selbst erschafft.

Denn: Ich vertraue mir.

Ich gehe meinen Weg.

Jetzt.

# Heilen

Du kannst heilen,

in dir steckt eine Kraft.

Nimm Nadel und Faden.

Nähe zu.

Die Narbe verblasst.

Jeder neue Tag
ist ein frischer Samen,
ist ein Geschenk.
Kümmere dich um ihn
und lasse ihn wachsen.
Seine Wurzeln
sollen von keinen alten Fehlern
verstopft werden.

Wenn du die Wunden nicht heilst,

die die verdorbenen Rosenstacheln dir brachten,

wirst du auf die weißen schönen Rosen bluten,

sie rot färben,

die dich doch nie geschnitten haben.

Du musst dich dazu entscheiden,

die Scherben aufzusammeln,

die Wunden zu versorgen

und dein Herz zu wärmen.

Denn wenn du das allein nicht kannst,

wirst du nie wirklich unabhängig glücklich sein.

Das Leben wird so viel leichter,

Erfahrungen umso reicher,

wenn du die Dinge gehen lässt,

dir nur die Lehren bleiben als Rest.

*Das Universum sucht sich*

*für seine schwierigsten Aufgaben*

*die besten Kämpfer aus.*

*Und wenn Du für diese Bestimmung geboren*

*wurdest,*

*dann auch mit der Stärke sie zu meistern.*

Padres.

Ihr gebt mir Halt,

ohne mich zu erdrücken.

Helft mir, die Dinge gerade zu rücken,

wenn auf Zehenspitzen stehen nicht reicht.

Danke, dass ihr meine Erde seid,

die meine Wurzeln fest

im Boden hält

und der Regen,

der mich

wachsen

lässt.

Den Künstler deiner Zukunft,

der den Pinsel farbenfroh schwingt,

lasse niemals deine Vergangenheit sein.

Das bringt dir nur Trug und Schein.

Möchtest du ein Meisterwerk erschaffen,

musst du deinen Visionen

dein Morgen überlassen.

Aufgeben.

Das heißt nicht schwach zu sein.

Das bedeutet, weise genug zu sein,

um die Dinge zu akzeptieren

und auf das zu vertrauen,

was kommt.

*Manchmal im Leben*

*begegnen wir Menschen,*

*als sei es so bestimmt,*

*als wurden sie geschickt.*

*Sie haben die Kraft,*

*dich mit Licht zu erfüllen,*

*weil sie so hell leuchten,*

*dass sie es teilen können.*

Eine zerbrochene Porzellanvase.

Tausend Einzelteile auf dem Boden.

Sie wird nie wieder sein wie zuvor.

Aber: Aufsammeln und mit Kleber und Gold

zusammensetzen.

Nicht wie zuvor, aber wertvoller

und so schön kaputt.

Du bist so wahnsinnig mutig und stark.

Zu lieben,

nachdem die Liebe Dich zerbrochen hat.

Du heilst Dich und andere.

Auf meiner Reise finde ich
das Zuhause in mir.
Finde ich Halt, Liebe und Wärme
für mich selbst.
Kann damit alleine kämpfen
und die Tränen trocknen.

Wenn es grau ist,

Regen leicht aus dem Himmel fällt,

kannst du aus dem Fenster schauen,

dich verlieren und desorientieren.

Strahlt dir die Sonne entgegen,

spiegelst du dich im Fenster,

siehst dich, wie du bist

und ein Lächeln.

IRGENDWIE FÜHLT ES SICH SO AN,
ALS OB JEDE NARBE SCHÖNER MACHT.
SIE VERHEILT
UND ICH BIN STÄRKER.

Du fühlst dich an

wie nach dem Sturm,

als man die Augen

vor dem Wind schließen musste.

Sowie Regentropfen

an der Fensterscheibe,

die in der Sonne funkeln.

Kein Herz kann dabei mehr verdunkeln.

Als ob ich es schon immer wusste,

dass es dich da irgendwo gibt.

Zumindest gehofft habe.

Danke, für die Fehler,

die ich machen durfte.

Anders hätte ich die besten Dinge nie gelernt,

die schönsten Gefühle nie erlebt.

*Er war für mich da*

*in den Nächten,*

*in denen ich keine Sterne sah.*

*Als er ging,*

*fand ich heraus,*

*wie ich die Wolken selbst verschiebe,*

*wie ich selbst strahlen konnte.*

Ich bin Poet.

Füllst du mein Herz,

füllst du meine leeren Zeilen,

das weiße Papier.

Es ist gut,

dass Du dort bist

und ich hier.

Denn dieses Wir

war falsch.

Das weiß ich jetzt.

Du bist einzigartig

mit all Deinen Facetten.

Eine wunderschöne Komposition.

Und Du verdienst es,

auch so behandelt zu werden.

Du bist wertvoll für die Welt.

*Das erste Mal bin ich glücklich*

*allein.*

*Vielleicht ein bisschen glücklicher*

*zu zweit.*

*Aber: Ich genüge mir selbst.*

Vergiss nicht,

eine Blume

herrlich stark und schön,

braucht Beides:

Sonne und Regen.

Ich streiche über deine Narben

und in meinen Augen

sehen sie friedlich aus,

sanft und wunderschön.

Du klebst an meinen roten Lippen

wie frischer Honig,

süß, lieblich

und hartnäckig.

Du heilst sie.

Die Risse verschwinden.

*Ich spüre die Kraft der Wellen,*

*die an den Felsen brechen.*

*Ohne Ziel, aber nie schwächer.*

*Sie lassen nicht nach,*

*sondern machen stetig weiter.*

*Sie wissen, der Weg ist das Ziel.*

Wenn Du von Deinen Träumen redest,

sehe ich Dein Herz dafür aufflammen

und diese Wärme

schweißt auch die zerbrochenen Luftschlösser

in mir wieder zusammen.

Distanz ist wie ein langes Band,

an dem man sich immer entlang ziehen

und festhalten kann.

Sie wird nur gefährlich,

wenn einer loslässt.

Ich sehe in deinen Augen

nicht meine oder deine Welt,

sondern wie unsere verschmelzen.

Wir funktionieren allein.

Zusammen strahlen wir

aber trotzdem etwas heller.

ES IST, WIE NACHTS INS MEER ZU GEHEN.

UNGEWISS, ABER MAGISCH.

MAN WEIß NICHT SO RECHT, WAS DA IST,

ABER ES FÜHLT SICH GUT AN.

Ich lächle zurück,

wenn ihr mir begegnet,

denn die Wunden sind geheilt.

Die größte Kunst ist das Verzeihen.

Aber mein Herz würde ich nie mehr

an euch verleihen.

# Blühen

Die Kraft einer Blume ist unglaublich,

sieh wie sie den Asphalt durchbricht.

Deswegen, Liebste, trau Dich,

egal wie zart Du erscheinen magst.

Woran merkt man, dass man gewachsen ist?

Wenn Dich die Meinung anderer nicht mehr zerfrisst.

Wenn Du dir selbst mehr zutraust,

nicht nur gern den Helden zuschaust.

Wenn Du deine eigenen kleinen Wunder vollbringst

und Deine Erfolge fröhlich vor Dich her singst.

Ein kleiner Augenblick,

ein Wimpernschlag,

ein Blickaustausch,

ein Lächeln.

Dein Lächeln,

mit denen du Blumen

aufblühen lässt.

-Rettung

Ich schau` jetzt nach vorn,

nur selten zurück.

Mach das nun anders,

seh` endlich mein Glück.

Hab Dankbarkeit gelernt

und es ist ein Geschenk,

Böses verlernt,

den Rahmen gesprengt.

Jeder schöne Samen,

den Du in deinem Verstand pflanzt,

wird wachsen,

zu einer bildhübschen Blume

und aufblühen,

so wie Du dann auch.

Man muss viel mehr wollen,

als das, was man will,

um das zu bekommen,

was das Herz sich ersehnt.

Aber gleichzeitig: Dankbarkeit.

Wie du alles schaffen kannst?

Nun, alle deine Ziele erreichst du zweimal.

Zuerst im Kopf,

dann in der Realität.

Desto bunter du die Bilder in Gedanken malst,

umso schöner strahlen sie in der Wirklichkeit.

Im Februar.

Die Erde noch eiskalt

und hart wie Stein.

Ich will Frühblüher sein.

Das Unmögliche ins

Geschaffte wandeln.

In den schönsten Farben strahlen.

Mit Liebe und Gewissheit

handeln.

*Sie würde sich in einen Poeten verlieben,*

*weil sie selbst einer ist*

*und niemand sonst so tief fühlt*

*und all das begreifen könnte.*

Meine Träume geben mir

mehr Kraft als du.

Sie bewegen mich schneller

als jedes Flugzeug.

Wecken mich besser

als schrille Töne.

Lassen mich Hochleistungen vollbringen.

-unter Strom

Du sahst mich an

und raubtest mir den Atem.

Aber,

es war gut so,

denn statt verstaubter Luft

konnte ich plötzlich reine Liebe atmen.

Ich fühle Poesie, lebe sie

mit jedem Schriftzug

und Tippen auf der Tastatur.

Und ich fühle Poeten.

Sie strahlen diese Magie aus,

haben etwas ganz Besonderes.

Sie trug nichts

außer dem Mondlicht

auf ihrer Haut wie ein Kleid

und ein loderndes

Feuer in ihrem Herzen.

Wir haben einen Garten

aus Blumen angepflanzt

und jede

trägt eine wunderschöne Erinnerung.

Lass sie uns gießen

und einen Wintergarten bauen,

sodass sie auf ewig blühen.

Wenn ein Poet
sich in dich verliebt,
lebst du für immer,
in den Zeilen und Büchern
und in seinem Herzen.

Man pflückt die schönsten Blumen
zuerst.
Aber du musst jemanden
finden,
der dich samt Wurzeln sanft
ausgräbt,
dich bei sich wieder
einpflanzt
und dir ein Zuhause ist.

*Verspricht der Baum zu wachsen und fest zu stehen,*

*selbst wenn es stürmt?*

*Nein, aber er wird.*

*Verspricht die Sonne so hell zu strahlen,*

*wie sie nur kann?*

*Nein, aber sie tut es.*

*Verspricht die Blume zu blühen,*

*selbst wenn es regnet?*

*Nein, aber sie wird.*

*Sie alle tun es.*

*Nicht, weil es ihr Versprechen ist,*

*sondern, weil es ihr Schicksal ist.*

*Genau so ist Dich zu lieben nicht mein Versprechen,*

*sondern mein Schicksal.*

*Mit Dir zu wachsen*

*und fest an Deiner Seite zu stehen,*

*selbst wenn der Sturm aufzieht.*

*Mit Dir und für Dich zu scheinen*

*und die Tränen zu trocknen.*

*Für Dich zu blühen,*

*sodass Du immer lächeln kannst,*

*auch wenn es Dir schwerfällt.*

*Es ist mein Schicksal*

*zu wachsen, zu brennen und zu blühen*

*für Dich und mit Dir.*

Ich schaue hinaus,

der Regen fällt.

Und die Menschen

rennen in die Häuser,

aber ich

renne nach draußen,

weil ich den Regenbogen finden will.

Ich stehe jeden Morgen auf

für meine Träume

für mein Leben

für mich

und das ist gut so.

Keine Kerze brennt ewig.

Deshalb suche die Ewigkeit

nicht im fremden Licht.

Sei selbst die Sonne.

Sei selbst deine Hoffnung.

Es gibt da diese Blume,

die im Dunkeln wächst.

Selbst im tiefsten Schatten

strahlt sie hell

mit ihrem weißen Kleid.

Du bist so eine Blume.

-Maiglöckchen

Wenn ich in deinem Käfig fliege,

bin ich so frei

wie in der Natur

zwischen blauem Himmel

und grünen Wiesen.

Ich bin nicht eingesperrt.

Alle Lichter waren erloschen.

Er flüsterte:

„Deine Augen strahlen so wunderschön.“

Und sie wunderte sich:

„Du siehst meine Augen doch gar nicht.“

Er lachte:

„Sie sind wie die Sterne,

wenn es Tag ist und die Sonne scheint:

Man sieht sie zwar nicht,

aber sie sind da und

so unglaublich schön.“

Ein Blick genügt,

um in seinen Augen zu versinken,

aber nicht zu ertrinken.

Bei ihm lerne ich

ewig zu schwimmen.

Wachstum ist

anderen nicht mehr zu erzählen,

wie du hingefallen bist,

sondern, wie du wieder aufgestanden bist.

Warum habe ich mich so lange

nicht mehr ins Gras fallen lassen?

Mich gefühlt wie auf den Wolken über mir

und gleichzeitig so geerdet und verbunden.

Leicht, schwerelos und sanft.

Es braucht nicht mehr

für einen Moment Glück.

*Wir hätten zu jedem Zeitpunkt*

*so viele Entscheidungsmöglichkeiten gehabt,*

*aber haben die gewählt,*

*die langsam anfingen, ein Buch aufzuschlagen*

*und ein neues Kapitel zu schreiben.*

*Unser Kapitel.*

Ich weiß nicht, warum das Schicksal beschlossen

hat, dass wir aufeinanderprallen,

nicht wie zwei Kometen,

eher wie Magneten,

die sich nicht mehr loslassen können.

Jede zarte Handbewegung

floss wie Wasser aus Kreativität

auf dieses Stück Papier.

Vielleicht wurden auch

ein paar Fehler übermalt.

Vielleicht wurden die vermeintlichen Fehler

aber auch zur Inspiration.

-Gemälde

Ich werde lernen, loszulassen.

Ich werde lernen, wie die Natur zu leben

-sich immer zu entwickeln, immer zu wachsen.

Mich von den Umständen

emotional färben zu lassen wie die Blätter.

Mich mit dem Schicksal

treiben zu lassen wie die Strömung.

Mich fallen zu lassen

in das Ungewisse wie der Regen.

## Nachwort

Pflicht lässt uns die Dinge gut machen, aber Liebe lässt sie wunderschön werden.

Immer, wenn ich darüber nachdenke, wofür ich heute dankbar sein kann, sind eure Namen in meinem Kopf. Die Namen aller der Menschen, die mich auf meinem Weg begleitet haben, dieses Buch zu verfassen. Die, die immer an mich geglaubt haben, mich an mein Potential erinnerten, wenn ich es kurz vor lauter Sorgen-Gedanken nicht sah. Danke, dass ihr mir geholfen habt, zu heilen, zu wachsen, zu reifen und zu blühen. Ihr wart Wegweiser, wenn es schwerfiel, sich zu entscheiden. Ihr habt mir Raum dafür gegeben, Erfahrungen zu sammeln, meinen Charakter zu bilden und mich motiviert, wann es nur ging. Wenn ich an mir gezweifelt habe, habt ihr mir Vertrauen und Unterstützung geschenkt. Ich bin außerdem dankbar für alle Herzensbrüche, für all die Gefühle, die Menschen in mir zum Leben erweckt haben. Ohne all das, wäre ich heute nicht, wer ich bin. Danke für jede liebe Nachricht zu meinen Online-Texten und jeden motivierenden Kommentar. Danke, für das Lesen meiner Worte, für das Mitfühlen und Mitwachsen. Mein Dank gilt besonders den folgenden Menschen: Meiner Familie, meinen Freunden, aber auch meinen ehemaligen Lehrern, die mir immer wieder neue Chancen gaben, an mir zu arbeiten und mich sehr prägten. Also:

Danke Mama und Papa. Danke Oma Erna und Opa Fritz. Danke Oma Natascha und Tante Alla. Danke an meine ganze Familie.

Danke Emilia. Danke Kim und Hannah. Danke Marina. Danke Hannes E. und Hannes G. Danke Lilli. Danke Antonio.

Danke Edelgard Neumann. Danke Anke Held. Danke Peter Hartwich. Danke Dr. Volker Schütte. Danke Corina Wienmeister.

Es gäbe noch so viele Namen zu nennen, Geschichten zu erzählen und Gründe für dieses Buch aufzuzählen, aber ich halte mich kurz. Ein großes Dankeschön und eine warme Umarmung an euch alle.

*Eure Viola*

## Über die Autorin

Viola Neumann wurde 2001 in Deutschland geboren und entdeckte schon früh ihre Leidenschaft für die Literatur. Seitdem sie schreiben gelernt hatte, verfasste sie bereits in der Grundschule kurze eigene Geschichten und Texte und las etliche Bücher. 2016 eröffnete sie einen Blog im Internet, auf dem Viola bis heute regelmäßig neue Gedanken- und Gefühlstexte veröffentlicht. In der Zeit am Gymnasium entdeckte sie das Aufführen von Spoken Word Poetry für sich und so begann die Liebe zu lyrischen Texten zu wachsen. Als zielstrebige Jungautorin entschied sich Viola Neumann dazu, ihr eigenes Buch zu verfassen, in dem sie den Leser in ihre Welt voller Gefühle entführt und an Herz und Seele packt. Neben dem Schreiben von literarischen Texten gilt Violas Leidenschaft der Medizin, die sie seit 2020 an der Heinrich-Heine-Universität in Düsseldorf studiert.

## Über das Buch

„Die Rose im Glas" ist eine Sammlung von kurzen Gedichten, Aphorismen und Epigrammen, die dem Leser einen Einblick in extreme Gefühle und hohe Sensibilität geben. Hier entdeckt man, dass selbst kurze Texte und kleine Worte einen unglaublichen Tiefgang der Emotionen zulassen. In unserer Gesellschaft gelten Gefühle immer mehr als Kontrollverlust und Hindernis am Erfolg, dabei sind sie etwas Wertvolles. Dabei sind sie genau das, was uns menschlich macht. Wenn man fühlt, dann mit jeder Zelle seines Körpers und voller Hingabe. Das bedeutet nicht, dass wir uns davon beherrschen lassen, sondern, dass wir die Emotionen akzeptieren und mit Liebe und Geduld behandeln. Dieses Buch hält die immer wiederkehrende Reise des Menschen durch seelischen Schmerz fest. Wir werden verletzt, das schränkt uns zunächst ein, aber wir können daraus lernen, ausbrechen, heilen und wieder aufblühen.

Das hier soll Deinen Gefühlen ein Zuhause, Verständnis geben. Es soll Dich mitfühlen lassen, denn Du bist nicht allein mit deinen Gedanken. Wachse über dich hinaus und das Leben wird Dich führen.

*Viel Glück und Liebe auf deinem Weg.*